7 MEJORES CUENTOS
Emilia Pardo Bazán

Tacet Books

7 mejores cuentos
Emilia Pardo Bazán

Editado por
August Nemo

Editor August Nemo
Diseño de cubierta y interior Mayra Falcini
Marketing Horacio Corral

Catalogación en la Publicación (CIP)

Bazán, Emilia Pardo.
B362 7 mejores cuentos - Emilia Pardo Bazán / Emilia Pardo Bazán – São Paulo, SP: Tacet Books, 2021.
50 p. : 14 x 21 cm

ISBN 978-65-89575-32-0

1. Literatura española.

CDD 860

Tacet Books
Hecho en silencio
Para mentes ruidosas

www.tacetbooks.com
tacet.books@gmail.com

Índice

La Autora 6

Accidente 9

Que vengan aquí... 15

Padre e hijo 22

Berenice 27

Comedia 34

Instinto 39

Implacable Kronos 46

La Autora

Emilia Pardo-Bazán y de la Rúa-Figueroa, o simplemente Emilia Pardo Bazán, (La Coruña, 16 de septiembre de 1851-Madrid, 12 de mayo de 1921), condesa de Pardo Bazán, fue una noble y novelista, periodista, feminista, ensayista, crítica literaria, poetisa, dramaturga, traductora, editora, catedrática y conferenciante española introductora del naturalismo en España. Fue una precursora en sus ideas acerca de los derechos de las mujeres y el feminismo. Reivindicó la instrucción de las mujeres como algo fundamental y dedicó una parte importante de su actuación pública a defenderlo. Entre su obra literaria una de las más conocidas es la novela Los pazos de Ulloa (1886).

Se casó a los dieciséis años de edad con José Quiroga y Pérez Deza de cuyo matrimonio nacieron tres hijos: Jaime (1876), Blanca (1879) y Carmen (1881). Se separaron en 1884, cuando se inició una separación amistosa, él se retiró a vivir a sus propiedades gallegas y ella continuó con su actividad de escritora en Madrid y Galicia. Él siguió con interés su carrera e incluso en alguna ocasión es el organizador de algún homenaje que ella recibe en Galicia. Cuando en 1912 murió, la escritora guardó luto riguroso durante un año.

Posteriormente inició una relación amorosa con Benito Pérez Galdós, por entonces cercano también al naturalismo, con quien había mantenido previamente una relación literaria. La confirmación de esta relación que durará más de veinte años y sus detalles, se revelaron a partir de 1970 tras la publicación de 32 cartas inéditas de Emilia a Galdós. Según Bravo-Villafante es posible que la correspondencia con Galdós datase de 1881. De su correspondencia inédita se deduce que la amistad literaria derivó hacia una intimidad amorosa de larga duración no exenta de sobresaltos a causa de sus relaciones esporádicas con jóvenes como Narcís Oller o Lázaro Galdiano. Infidelidades que según estudios posteriores dolieron al escritor. La relación de don Benito con doña Emilia pasó por momentos delicados cuando ella se permitió una aventura con Lázaro Galdiano, «un error momentáneo de los sentidos, fruto de las circunstancias imprevistas», según lo calificó ella. Al escritor le dolió profundamente la infidelidad, que, debidamente disfrazada, quedó reflejada en dos novelas de él –La incógnita y Realidad– y en una de ella –Insolación–. La relación se caracteriza por una gran admiración mutua y la correspondencia revela una gran amistad y una gran intimidad literaria y amorosa.

Pardo Bazán falleció en 1921 en el número 27 de la madrileña calle de la Princesa.

Accidente

Bajo el sol -que ya empieza a hacer de las suyas, porque estamos en junio-, los tres operarios trabajan, sin volver la cara a la derecha ni a la izquierda. Con movimiento isócrono, exhalando a cada piquetazo el mismo ¡a hum! de esfuerzo y de ansia, van arrancando pellones de tierra de la trinchera, tierra densa, compacta, rojiza, que forma en torno de ellos montones movedizos, en los cuales se sepultan sus desnudos pies. Porque todos tres están descalzos, lo mismo las mujeres que el rapaz desmedrado y consumido, que representa once años a lo sumo, aunque ha cumplido trece. La boina, una vieja de su padre, se la cala hasta las sienes, y aumenta sus trazas de mezquindad, lo ruin de su aspecto.

Es el primer día que trabaja a jornal, y está algo engreído, porque un real diario parece poca cosa, pero al cabo de la semana son ¡seis reales!, y la madre le ha dicho que los espera, que le hacen mucha falta.

Hablando, hablando, a la hora del desayuno se lo ha contado a las compañeras, una mujer ya anciana, aguardentosa de voz, seca de calcañares, amarimachada, que fuma tagarnina, y una mozallona dura de carnes, tuerta del derecho, con magnífico pelo rubio todo empolvado y salpicado de motas de tierra, a causa de la labor.

-Somos nueve hermanos pequeños -ha dicho el jornalerillo-, y por lo de ahora, ninguno, no siendo yo, lo puede ganar. Ya el zapatero de la Ramela me tomaba de aprendís; solamente que, ¡ay carambo!, me quería tener tres años lo menos sin me dar una perra... Aquí, desde luego se gana.

-En casa éramos doce -corrobora la tuerta, con tono de indefinible vanidad-, y mi madre baldada, y yo cuidando de la patulea, porque fui la más grande. ¡Me hicieron pasar mucho! Peleaba con ellos desde l'amanecere. A fe, más quiero arrancar terrones. Había un chiquillo de siete años que era el pecado. Estando yo dormida me metió un palo de punta por este ojo y me lo echó fuera...

Y la vieja, entre dos chupadas, declaró sentenciosamente:

-El que con chiquillos se acuesta... Yo, ende viendo uno (que sea ajeno, que sea mi nieto), le levanto la ropa y le pego un buen azote...

No era verdad; el vecindario de aquel pobre barrio extramuros sabía que la bruja de la voz carrascuda, aun cuando tuviese el cuerpo muy lastrado de líquido, no se metía en realidad con nadie; pero andaba siempre alabándose de abofetear al uno y de destripar al otro. Y la tuerta, con expresión de malicia, guiñó su ojo viudo, sonriendo al escuchimizado rapaz.

Desde que sonó la hora cesaron las confidencias. La taciturnidad del trabajo monótono pesaba sobre los espíritus, adormilándolos, como si el aire que sus pulmones absorbían afanosamente en el trajín les barriese las ideas del seso. Su faena mecánica les atontaba quitándoles del pensamiento cuanto no fuese la repetición incesante, espaciada por la acción de alzar y bajar la piqueta, del golpe que había de socavar aquella trinchera formidable, desmontando tierra y más tierra, que llevaban los carros ni sabían los jornaleros adónde. ¿Qué les importaba, además?

El rapaz, Raimundo, trabajaba, lo mismo que las dos mujeres, por cuenta de un contratista, hombre agenciador, que hacía el negocio de proporcionar gente a los que tenían obras en planta, cobrando los jornales a peseta y abonándolos a real. ¡Vaya! Para eso, con él, seguros estaban de tener choyo todo el año.

No sospechaban, y si lo sospechasen no les importaría, que aquella tierra se destinaba a rellenar un parque en una quinta próxima. Nutrirían con sus jugos, en vez de ortigas y cardos, las plumeadas araucarias, las palmeras elegantes, las fragantes magnolias, las camelias indiferentes a todo en su charolado orgullo. La trinchera, abierta por la construcción del nuevo camino que a la estación conduce, es alta y muestra las zonas de color de las capas del terreno. El trabajo de excavación ha abierto en ella una cava, que ya ofrece sombra cuando el calor arrecia, en aquella hondonada que limitan dos taludes y que no refresca el abanicar del aire de la ría. Y los jornaleros truecan chanzas cuando se enteran de que ya los cobija el desmonte.

Luego, a darle a la piqueta, a darle duro. ¡A-hum! El rapaz se siente desfallecer de cansancio. Es fuerte el trabajo así, el primer día, sobre todo el primer día. Los brazos parece que se los han apaleado, de tanto como le van doliendo. Las compañeras se ríen.

-¡Mocoso! ¿Pensaste que era como jugar a la billarda?

El amor propio, el pundonor le reaniman. Alza la piqueta con más ánimos. Se acuerda del contratista, de la ojeada de desprecio con que le dijo al concederle jornal:

-Te tomo..., no sé por qué; no vas a valer; estás esmirriado; eres un papulito que siquiera puedes con la herramienta...

¿Esmirriado? Ahora se vería si las otras, las femias, hacían más... La tuerca notó el arrechucho del novato, y le dijo, maternal, bondadosota:

-No te mates, hombre, que igual ha de ser. El negocio no está en dar tanto piquetaso, sino en arrincar de cada golpe buena pella.

Y señalaba el hacinamiento a su lado, donde cada fragmento de terrón era doble de los que hacía caer Raimundo. El suspiro, sin responder, volviendo a la carga.

Un automóvil pasó, haciendo retemblar la tierra. No vieron sino la rotación deslumbrante de sus ruedas amarillas.

Flotó en el aire un tufo de bencina, exasperado por el calor. Aún no se había disipado, cuando asomó por la carretera un cura de aldea, caballero en un borrico. Tan despacio avanzaba, que el jinete tuvo tiempo de observar sobre las cabezas de los tres jornaleros algo que le llamó la atención. Era una enorme masa de tierra, suspendida, por decirlo así, en el aire. La cueva, ahondada por la continua mordedura afanosa de las piquetas, no tenía ya más cubierta que aquella saliente costra, conmovida sin tregua, de desplome fatal, inevitable. Y en la imaginación del párroco se precisó la catástrofe, enlazada al recuerdo de una frase leída por la mañana, entre sorbo y sorbo de chocolate,en el diario integrista: «Socavan y socavan la sociedad, y se les vendrá encima cuando menos lo piensen». Refrenó a su rucio, cerró el paraguas de alpaca oscura y sin apearse arrimóse al socavón, gritando:

-¡Eh! ¡Vosotros! Que se os viene encima esa tierra. ¿Estades ciegos?

La alcoholizada le contestó pintoresca reata de injurias sobre el tema de la profesión. La moza tuerta solo refunfuñó:

-¡Nos deje en paz! Vusté no nos hace el trabajo.

Raimundo, por su parte, ni se volvió. Enfaenado, cayéndole una gota de cada pelo, sin aire ya para sus chicos pulmones, se puede creer que ni oiría. El zumbido de la piqueta, su retumbo mate contra la pared borrosa, era lo único que vagamente percibía, envuelto en el jadear de su anhelante pecho. ¡Cuándo serían las doce, señaladas por el paso del tren, para dejarse caer al suelo de golpe y mascar, ya medio dormido de cansancio, el corrusco de pan de maíz!

El cura, no obstante, seguía vociferando caritativos insultos.

-¡Bárbaros! ¡Brutanes! ¡Ni media hora tarde eso en venirse!

Y como la vieja se lanzase fuera del excave para replicar furiosa, se oyó un estrépito sordo, apagado; se alzó una nube de polvo rojo, y en seguida, un silencio siniestro, interrumpido por el rodar de los últimos terrones que caían de lo alto. De pronto, un escarabajeo, un pataleo, un trajín de fiera soterrada y que violenta las paredes de su entierro. Era la moza rubia, que vigorosamente perneaba, cabeceaba para salir de entre la masa de tierra de la impensada sepultura.

Acudieron al párroco y la bruja; la ayudaron; se le vio sacar primero la rodilla, después una pierna, al fin el tronco, y la faz lívida, con la respiración cortada; el único ojo, loco de espanto. Nadie pensó sino en ella. El rapaz no resollaba; al principio le olvidaron. Cuando se empezó a solevantar la tierra, porque acudieron vecinos de las casucas y tabernas desparramadas por el camino real, costó trabajo descubrirle; lo más fuerte del desplome había recaído sobre el pecho. Tenía los ojos inyectados de sangre, la boca y las orejas tapiadas con barro bermejo. Los pies parecían incrustados en la tierra, otra vez compacta.

Que vengan aquí...

En una de esas conversaciones de sobremesa, comparando a las diferentes regiones españolas, en que cada cual defiende y pone por las nubes a su país, al filo de la discusión reconocimos unánimes un hecho significativo: que en Galicia no se han visto nunca gitanos.

-¿Cómo se lo explica usted? -me preguntaron (yo sostenía el pabellón gallego).

-Como explica un hombre de inmenso talento su salida del pueblo natal (que es Málaga), diciendo que tuvo que marcharse de allí porque eran todos muy ladinos y le engañaban todos. En Galicia, a los gitanos los envuelve cualquiera. En los sencillos labriegos hallan profesores de diplomacia y astucia. Ni en romerías ni en ferias se tropieza usted a esos hijos del Egipto, o esos parias, o lo que sean, con sus marrullerías y su chalaneo, y su buenaventura y su labia zalamera y engatusadora... Al gallego no se le pesca con anzuelo de aire; allí perdería su elocuencia Cicerón.

-Se ve que tiene usted por muy listos a sus paisanos.

-Por listísimos. La gente más lista, muy aguda, de España.

Sobrevino una explosión de protestas y me trataron de ciega idólatra de mi país. Me contenté con sonreír y dejar que pasase el chubasco, y sólo me hice cargo de una objeción, la que me dirigía Ricardo Fort, catalán orgulloso, con sobrado motivo, de las cualidades de su raza.

-Siendo así, ¿en qué consiste -preguntábame- que esa gente de tan superior inteligencia haya tenido tan mala sombra? ¿No es cierto, no lo deploran ustedes mismos, que Galicia se ha visto oscurecida y postergada? ¿Por qué razón Galicia no ha realizado ninguna empresa magna, ni en pro de la nacionalidad, ni aun en su propio beneficio; ni empezó la Reconquista, como Asturias; ni se declaró independiente, como Portugal; ni logró la sabia organización de los fueros, como Vasconia y Navarra; ni fue a dominar el Imperio de Bizancio, como nosotros y los aragoneses; ni vio armarse en sus puertos las carabelas de Colón; ni...?

-Basta -respondí, sonriendo-; con la Historia puede probarse todo. No me faltaría en ese terreno algún argumento; pero admito los de usted y no los discuto. Es más; confieso que a veces me he propuesto a mí misma ese enigma, y sólo para mi uso particular lo he resuelto con una atrevida paradoja. Si no se asustan ustedes de paradojas, allá va...

Segura ya de que no se asustaban, continué así:

-Precisamente por exceso de inteligencia no hicieron los gallegos ninguna de esas cosas estupendas. A los pueblos, la excesiva inteligencia les perjudica. Lo que conviene es una masa de gente limitada, que siga dócilmente a un individuo genial. Cuando la multitud se pasa de lista, y discurre y percibe sutilmente, es dificilísimo guiarla a grandes empresas. La inteligencia ve demasiado el pro y el contra, y las consecuencias posibles de cada acto. La inteligencia mata la iniciativa; la inteligencia disuelve. Si la colectividad tiene pocas ideas y se aferra a ellas con tenacidad suma, hasta con fanatismo cerrado, podría brillar el heroísmo y nacer la epopeya. Reconozcan ustedes que para meterse en las carabelas de Colón; para lanzarse a surcar mares desconocidos, sin ningún fin ni provecho aparente, en medio de cien peligros, con la muerte al ojo..., había que ser... algo bruto. ¡Enseguida atrapan a un gallego en las carabelas de Colón! Con esta raza, dígame usted: ¿qué racha va a sacar el gitano?

-¿De modo que, según usted, los gitanos, en Galicia, no podrían «afanar» nada?

-¡«Afanar»! No les arriendo la ganancia si lo intentasen... Si hay en el gallego un instinto poderoso, es el de la defensa de su propiedad..., y como inmediata consecuencia, el de la «apropiación». Observen al labrador gallego cuando cultiva su heredad lindante con la ajena: a cada golpe de azadón añade una mota de tierra a su finca. El caso más curioso de cuantos he oído, que prueban este instinto de apropiación, es el que me refirieron poco ha. Trátase de un aldeano gallego que se apropió, noten el verbo, no digo robar, porque el robo es contra la ley, y el gallego, a fuer de listo, tiene profundo terror a la antifrástica «Justicia»; que se apropió, repito..., vamos, acierten ustedes lo que se apropiaría.

-¿Una casa? ¿Un hórreo?

-¿Un monte? ¿Un prado? ¿Un manantial?

-¡Bah! ¡Valiente cosa! Eso es el pan nuestro de cada día.

-¿Una mujer? ¿Un chiquillo?

-¡Quia! Nada; si es imposible que ustedes adivinen. Lo que mi héroe, el tío Amaro de Rezois, se apropió bonitamente fue... un toro.

-¿Un toro? Pero ¿un toro bravo? ¿Un toro de verdad?

-De verdad, y de Benjumea, retinto, astifino, de muchas libras y bastantes pies, que debía lidiar y estoquear el famoso diestro Asaúra en la corrida de los festejos de Marineda.

-Pero ¿eso es serio?

-Y tan serio. El episodio ocurrió del modo siguiente...

Todos prestaron redoblada atención, que al fin eran españoles y se trataba de un toro, y yo continué:

-Rezois es un valle muy pobre, a más de tres leguas al oeste de Marineda, entre los escuetos montes de Pedralas y la brava costa de Céltigos. La gente de Rezois, que no puede cultivar trigo, cría ganado en prados de regadío, lo embarca para el mercado de Inglaterra, vende leche y unos quesos gustosos, fresquecillos, y así va sosteniéndose, siempre perseguida por la miseria. Tal vez sea Rezois el punto de Galicia donde se conservan más fielmente el traje regional y las costumbres añejas, y el tío Amaro, con sus sesenta años del pico, ni un solo domingo dejó de lucir el calzón de rizo azul, el «chaleque» de grana, la parda montera y la claveteada porra, que jugaba muy diestramente.

Poseía el tío Amaro dos vacas, las joyas de la parroquia: amarillas, lucias, bondadosas, de anchos ojos negros, finas y apretadas pestañas y sonrosado y húmedo morro. Eran grandes paridoras y lecheras, y el suceso ocurrió en ocasión en que estaban vacías y acababa el tío Amaro de vender los ternerillos, ya criados, a buen precio. Tenía puesto el tío Amaro todo su orgullo en las vacas: y si cuando enfermaba la tía Manuela, legítima esposa del tío Amaro, se tardaba en avisar al engañador y sacacuartos del médico, hasta que el mal decía a voces: «soy de muerte», apenas las «vaquiñas» descabezaban de mala gana la hierba, ya estaba avisado el veterinario, porque, ¡válganos San Antonio milagroso!, los animales no hablan, y sabe Dios si tienen en el cuerpo espetado el cuchillo mientras parecen buenos y sanos...

La noche en que llegaron a Marineda los siete toros destinados a la corrida, uno de los mejores mozos, que atendía por Cantaor, aunque presumo que jamás hizo sino mugir, a la salida del tren se escamó de los cohetes y bombas que, para solemnizar las fiestas, disparaban de continuo, y sin que hubiese medio de evitarlo, tomó las de Villadiego, dejando en la confusión que es de suponer a los encargados de custodiarlo y encerrarlo. Se trató de indagar su paradero, pero ni rastro había quedado de Cantaor, que, como alma que lleva el diablo, iba cruzando sembrados y huertas. Y al amanecer del día siguiente pudiera vérsele descendiendo del monte de las Pedralas al encantador vallecito de Rezois, oasis de verde hierba, que enviaba a los morros abrazados de la res emanaciones deliciosas.

Aunque el sol naciente no había transpuesto el cerro, ya andaba el tío Amaro pastoreando sus vacas por el prado húmedo de rocío. De pronto, sobre la cumbre vio destacarse en el cielo gris la oscura masa de la fiera. El tío Amaro se persignó de asombro al ver un buey tan enorme y tan rollizo. Y Cantaor, ebrio de entusiasmo al divisar las dos lindas vacas, se precipitó al valle, no sin que el labriego, adivinando rápidamente las pecaminosas intenciones del que ya no tenía por buey, tirase de la cuerda y se llevase a las odaliscas hacia el corral, cuya puerta abría sobre el prado. Un vallado de puntiagudas pizarras detuvo al toro, y mientras salvaba el obstáculo, el tío Amaro y las vacas se acogieron a seguro. Sin embargo, el labriego reflexionaba, y se le ocurría la manera de sacar partido de la situación.

Prontamente encerró en el establo a una de las vacas, y, dejando a la otra fuera, se apostó tras la cancilla del corral, como si fuese un burladero. Cuando el toro, ciego de amor, se lanzó dentro, el tío Amaro cabalgó en la pared, saltó al otro lado y trancó exteriormente, con vivacidad, la cancilla.

Lo demás lo adivinarán ustedes. No fue difícil, entreabriendo por dentro la puerta del establo, recoger a la vaca. En cuanto al toro, allí se quedó en el corral, preso y enchiquerado.

El tío Amaro salió aquella misma tarde hacia Marineda, y vendió al empresario el hallazgo del toro nada menos que en cincuenta duros, porque se negaba a descubrir el escondrijo, se quejaba de graves perjuicios en su casa y bienes, y de estos daños el empresario había de responder ante los tribunales.

Y ahí tienen ustedes cómo al tío Amaro de Rezois le valió mil reales el cruzar sus vacas con la casta de Benjumea... ¿Verdad que para la costumbre que hay en Galicia de ver toros y de entender sus mañas, y de lidiarlos, el tío Amaro no anduvo torpe ni medroso?

Padre e hijo

Cuando al Año nuevo de 1914 entró a saludar filialmente al de 1913, que estaba poco menos que dando las boqueadas, el médico, reservado y grave, secreteó a la niñera que acompañaba al nene:

-El pobre señor apenas puede resollar... Pero, como tendrá que aconsejar a su sucesor, vamos a administrarle una buena dosis de cafeína... Por eso no se ha de morir un minuto más pronto ni más tarde.

Con la droga reanimose el moribundo y parpadeó, y sonrió entre amable e irónico a la criatura, que era una monada, una figurita muy semejante al Amor, tal cual lo representan los cuadros de Boucher y los grabados de Volpato y Morghen. Sobre la piel, dulcemente bombeada por gentiles redondeces, jugaban hoyos menudos, traviesos, marcándose como improntas del dedo de Venus en las dos grandes hojas de rosa del nalgatorio y en las junturas de brazos y piernas. La cara era de gloria, luminosa, cándida y picaresca a la vez; la boca, un capullito entreabierto, y la testa, cargada de rizos de oro, parecía alumbrar el aire con un brillo y fulgor de tanta sortija rubia.

-¡Hola, hola, picaruelo! ¡Qué animados venimos! -articuló el anciano, arropándose en la pelliza de nutria, no menos pelada y vetusta que su dueño, y además muy cochambrosa-. Parece que hay ganas de vivir, ¿eh?

-¡Ya ve, papá!... -contestó el nene, más despabilado que un candil.

-Ya, ya veo que tenemos ilusiones... Y, de fijo, planes, proyectos, ideas de reformas..., y, además..., convencimiento de que papá no ha hecho sino tonterías... ¿A que sí?

No se atrevió el pequeño a responder de plano; pero algo había de todo eso..., algo había...

-Y lo más gracioso, iejem!, iejem! -tosiqueó el anciano, casi ahogado por una flema-, es que la humanidad opina igual que tú, criatura. A estas horas, en la tarde del día último, no habrá hombre que de mí no reniegue y que no confíe en ti. Yo he sido un pillo, y he dado pato, iy qué pato! Al fin, soy un año trece... Tú vas a remediar los males, a resolver los problemas que yo dejo planteados y más embrollados que nunca. Tú les traes en los bolsillos...

-No, eso no, porque no los tengo. Y el chico señalaba, riente, su desnudez.

-Bueno, pues en las manos o como sea..., riquezas, venturas, salud y honra, y todos, al pensar en ti, piensan también en cambiar de conducta, en guiar mejor el automóvil de la vida para no estrellarse... Mira si es imbécil la humanidad.

-¿Y si aciertan? -declaró el chiquillo engallándose-. ¿Por qué no he de ser más afortunado o más listo que tú, papá? Y, además, yo soy joven, y tú eres viejo, imuy viejecito!...

El Año moribundo, al oír esto, soltó una risita fúnebre.

-Según eso, ¿tú crees que yo no he sido joven también?

-Pero hará mucho tiempo -murmuró aturdidamente el nuevo Año.

-Así que llegues a mi edad, te parecerá que se ha pasado la vida en un minuto... -suspiró el 13.

-Y yo nunca seré como tú, papaíto... -insistió el 14, terqueando-. Es imposible, ¿no lo conoces? Mírame. ¿Puedo volverme... así? ¿Por qué toses tanto? ¿Por qué pones esa cara tan triste?

-Tú deja que pasen trescientos sesenta y cinco días y la tendrás igual o peor -respondió el caduco-. Como que deben fotografiarme, y te darán una prueba tamaño promenade, y dentro de los trescientos, etc., te mirarás al espejo y me recordarás...

-¡Ay, papá! No quiero..., no quiero ser, perdona, tan feíto...

-¡Si valiera no querer! Puede que seas más feo aún... Cada uno tiene su vejez, y cada vejez es más fea que las otras... Aguarda, presumido, aguarda. Se te pondrán los ojos lloricones, el pellejo plisado, el vientre como un odre vacío, la boca como un sumidero, la nariz mocosa...

-No, eso, ya a veces... -declaró el chico, intentando sonarse, aunque pañuelo no lo llevaba.

-Tendrás una calva zapatera, un pescuezo fláccido, unas piernas de algodón en rama, y en las manos unas venas sobresalientes, azules, como viborillas, y unos dientes amarillos y sarrosos, que temblarán en las encías, y un estómago hediondo, y unos pulmones que se ahogan, y unos pies que tropiezan, y un corazón que se achica, y un cerebro que olvida y pierde los nombres y las nociones de las cosas... Y serás ridículo, impotente, miserable en todo y por todo..., ¡ejem, ejem, quenj, quenj!, como yo..., y lo único que desearás será irte a descansar a un nicho del gran Cementerio de los Años, en el Palacio del Tiempo, nuestro padre común... ¡Morir cuanto antes! ¡Morir!

El niño se chupaba un dedito, reflexionando. Todo ello debía de ser invención del taimado viejo para disgustarle, en venganza de que él venía a sustituirle. La vida, ¡vaya!, era guapa cosa; los que son jóvenes, tan jóvenes, y sienten en las venas una sangre cálida y bullente, no se mueren así como así, ni se les pone la cara tan rara, ni sufren esa tos que parece que se están deshaciendo por dentro en babas y en porquerías...

¡Bah! No había que hacerle caso... ¿Y de qué serviría hacérselo, además?

-Papá, no digas eso -susurró, al fin, cariñoso, pues era buenecito y le daba lástima el vejacón-. Tú vas a vivir todavía años..., digo, años no..., en fin, bastante... ¿Verdad, señor médico? Todos viviremos tan contentos y tan alegres. ¿No es eso, papaíto?

-Los niños precoces viven poco -declaró el médico, solemnemente-, pero los ancianos moribundos, menos todavía... ¿No ves, Año incauto, cómo detrás de aquellos montes asoma la luna, que parece una placa de plata recién bruñida? ¿No oyes que suenan, melancólicas y majestuosas, en el eterno reloj secular, las horas de la noche última? Tu padre va a entrar en la agonía.

El viejecito parecía sumido en un coma, precursor del tránsito; pero las palabras del doctor le galvanizaron de pronto. Se estremeció hondamente; por segunda vez abrió los párpados y su mirar atónito chispeó.

-¡La agonía! -gritó con voz remontada-. ¿Quién habla de agonía? ¡No quiero morir!... ¡No quiero morir aún!... ¡Vivir, vivir un poco más!... ¡Doctor!... ¡Por compasión!... ¡La vida!

Y, agotado por el esfuerzo, recayó anhelante, en un acceso de disnea, contra el respaldo del sillón.

El niño volvía a reflexionar, metiendo la yema del índice entre las hojas de flor de los labios. Y volviéndose hacia la niñera, pronunció por fin:

-¿Ves, chachita? Me engañaba papá. ¡Maldita gana tenía papá de morirse!

Fue en un libro encuadernado en pergamino, impreso en caracteres góticos y taraceado por la polilla, donde encontré la leyenda de Berenice, a quien suelen llamar la Verónica. Sin darle crédito ni atribuirle autoridad alguna, voy a trasladarla aquí, lector piadoso, que acaso habrás adorado alguna reproducción de la Santa Faz.

Berenice, casada con Misael el rico, era de origen hebreo, nacida, sin embargo, en Alejandría. De su ciudad natal había traído a Sión costumbres refinadas, un vestir lujoso, gasas más sutiles, y joyas más caprichosas que las que usaban sus convecinas y aun las romanas del séquito de la esposa de Pilatos. Berenice gastaba exquisitos perfumes, iguales a los de la tetrarquesa Herodías, y se los traía Misael de sus frecuentes viajes a los países de Arabia y Persia. Con todo eso, Berenice no era dichosa y Misael tampoco.

No tenían hijos. Las entrañas de Berenice no eran fecundas. Y, como la esperanza en la venida del hijo de David, del Mesías prometido, se hubiese exaltado con el yugo puesto en Jerusalén por la despótica Roma, cada matrimonio soñaba con engendrar al Salvador. Las estériles eran objeto de compasiva burla. Cada vez que una aguadora cargada con sus ánforas y con el peso de su embarazo pasaba ante la puerta de Berenice, la opulenta arrojaba una mirada de envidia a la miserable. ¿Quién sabe si sería tan venturosa que albergase en su seno la redención de Israel?

La multitud pensaba en el Redentor y le veía como guerrero formidable semejante a los Jueces campeadores, que antaño hicieron triunfar al pueblo elegido. Traería al cinto espada reluciente, al brazo un escudo de fortaleza, y al impulso invencible de su ardimiento huiría el invasor y sería libre Israel. Volverían los tiempos gloriosos, el triunfo de Jehová y, entre cánticos de alegría, el Templo daría cobijo, también como antaño, a las muchedumbres de las tribus, y el Arca sería otra vez llevada en apoteosis, al son de las chirimías y las cítaras, entre los clamores de gozo del pueblo delirante...

Misael era de los que soñaban así. Y la pena de que Berenice no le diese el hijo esperado le fue alejando de ella y tuvo pasajeros encuentros con campesinas, al paso de las ciudades donde solía pasar. La frialdad creció cuando Misael pudo advertir que Berenice se inclinaba a las sectas que empezaban a surgir en Jerusalén, hombres de blancas túnicas y largos cabellos, que llevaban una vida pura y entendían (al revés de los Doctores de la Ley y Príncipes de los Sacerdotes) que el Mesías no sería un combatiente, sino un manso, varón de paz y humildad, y por el espíritu de mansedumbre redimiría a Sión.

Antiguas profecías lo tenían anunciado: Isaías, el de los labios purificados por el ascua de fuego, lo había dicho expresamente. No un león de Judá, sino un corderillo. No trataría de defenderse, pues descendía a ser sacrificado. El precio de su sacrificio era la redención, pero no sólo de Israel, sino de todo el mundo. Y ésta le parecía a Misael la herejía peor. El Mesías tenía que venir para Israel tan solo. ¿Cómo se entiende? ¡El Mesías era para los judíos, para el pueblo de Dios!

Y los esposos disputaban día y noche, aferrado Misael a su exclusivismo patriótico, porfiando Berenice con suave terquedad.

-De todos modos -insistía Misael- yo veo que no viene, pero si ha de venir también para estos romanos que nos oprimen, que nos han hecho esclavos, creo que más vale...

Decíalo, no obstante, de dientes afuera. Según iban alejándose las esperanzas de que Berenice se sintiese madre, aumentaba el afán de Misael. No desesperaba; cierto que su esposa ya iba dejándose atrás la juventud, pero mucho más madura era Sara cuando concibió. Así es que, un día, al volver de una de sus excursiones, trayendo por cierto a Berenice joyeles espléndidos, y mientras ella, agradecida, le rogaba que se sentase a comer y se preparaba a servirle el aguamanos y a lavarle los pies con la húmeda toalla, insistió el marido:

-Berenice, sabe que, en el desierto, bajo la tienda he tenido un sueño: te he visto rodeada de posteridad numerosa. Y el primero de tus retoños, sábelo también, era el Mesías prometido a nuestro pueblo. Tenía la faz muy triste, sangrienta, cubierta de sudor y polvo. ¿Quién me interpretará este sueño? Inquieto estoy.

Calló la esposa, lavó a su señor y le presentó el asado, las tortas de miel y manteca, las uvas de cuelga y las granadas rojas. Le escanció el vino de rubí y le ofreció el agua fresquísima. Y, cuando se hubo saciado y pasado a la terraza, a respirar el aire, regaladamente, Berenice murmuró, con emoción profunda:

-No desees más, Misael, que en mi seno se forme el Mesías. No puede ser. El Mesías ya está entre nosotros.

Y como Misael, atónito, dudase y negase con la cabeza, Berenice replicó:

-Ha venido, ha venido el Hijo de David. Le anunció Yokaanam, ¿no te acuerdas? Aquel varón justo y penitente a quien degollaron, después de la impúdica danza de Salomé, por artimañas de la tetrarquesa. El Hijo de David, unas veces va por los pueblecillos enseñando a las multitudes, otras se le ve en Jerusalén, donde ha arrojado a latigazos del Templo a los mercaderes. Eblis le ha tentado vanamente en la cima de una montaña, y en otra montaña el Maestro ha predicado una ley mejor que la de Moisés, más dulce, más hermosa.

Misael, ya recobrado del asombro, rompió a reír.

-Siempre te dije, esposa mía, que esos nuevos sectarios que hemos visto aparecer te revolverían el seso. Aquí no tenemos más camino, si no viene el Libertador que esperamos, sino ceñirnos los riñones, requerir la espada y caer sobre los invasores, exterminándolos uno por uno. Así hicimos con los moabitas, los amalecitas y los filisteos, y nos fue bien; eran otros tiempos. Había patria. Con Profetas descalzos y que van por los caminos como mendigos, poco medraremos. El Mesías no puede ser el primo de Yokaanam, que era un vagabundo, comedor de langostas silvestres. El Mesías vendrá terrible en su fortaleza, como las haces bien ordenadas. Cuando llegue, menearemos el hierro.

-Te aseguro que se halla ya entre nosotros -repitió tenazmente Berenice-. Lo he sentido en mí; mi corazón ha saltado, como un cabrito que ve a su madre. No lo dudes, Misael. No vivas en la ceguera.

Volvió el comerciante a reírse y tomando su manto, salió a la calle. Quería informarse del tal Mesías, algún embaucador, de seguro. El primer amigo que encontró en la plaza, le dio noticias de la mayor actualidad.

-¿El loco visionario, que se dice Rey de los judíos? ¿Uno al cual siguieron las turbas y le hicieron una entrada triunfal? ¡Bah! Hoy mismo le prenden, y se afirma que le darán muerte mañana.

Misael se estremeció. Nada le importaba el seudo-Profeta, pero le molestaba la pena que iba a sentir Berenice. Y decidió callar. Tiempo había de que lo supiese. De noche, sin embargo, fue agitado su sueño. Dio mil vueltas y habló alto, con inarticuladas voces. A las afectuosas preguntas de Berenice, contestó con efugios. No sabía... Acaso la comida, el vino, el cansancio que sigue a un largo viaje...

Al día siguiente, recorrió la ciudad. Se hablaba mucho de la captura del Rabí. Supo Misael que le habían flagelado. Habló con fariseos y saduceos, que se quejaban de la indulgencia del Pretor romano con el impostor. A bien que ellos habían fomentado un movimiento popular, una especie de motín, y los romanos temían siempre a los desórdenes y algaradas, que podían fomentar en el pueblo la rebelión.

Y por la tarde, supo más Misael: el Rabí iba a ser crucificado...

Volvió a su casa el comerciante con extraña sensación de peso y amargor en la conciencia. Deseaba hablar, informar a Berenice, y temía, de hacerlo, que corriese desalada al lugar del suplicio. Taciturno, se sentó en el patio, donde una fuente se deshilaba en un tazón de jaspe.

Berenice estaba a su lado. Pálida y triste, no respondía casi a sus palabras. Enmudecieron al fin los dos. Los despertó un tumulto en la calle. Las siervas clamaban con histéricos gemidos. Llantos femeniles se oían en la calle también. Berenice saltó, se precipitó. Pasaba una lúgubre comitiva, y entre ella, un hombre cargado con enorme cruz, que no podía levantar en peso, y que arrastraba de rodillas cayendo y levantándose. El hombre sería joven y hermoso, pero no era fácil comprenderlo, porque el semblante apenas podía distinguirse entre las guedejas del pelo pegado a las sienes por el sudor de la agonía y la coagulada sangre que había corrido por la frente abajo. Berenice no sollozaba, no gritaba; permanecía con los ojos dilatados de horror, fascinada por la intensidad del sentimiento. Al fin, se lanzó, desenrolló el velo fino que cubría su cabeza y corrió, abriéndose paso entre la muchedumbre y rechazando con la mano a los verdugos, a secar aquel rostro empapado, a limpiar aquellas facciones ultrajadas y embebidas de impurezas. El sentenciado la miró un momento, y la mirada se clavó como hierro ardiente en el alma de la piadosa.

Misael la había seguido para protegerla y fue el primero en notar el prodigio...

La faz del reo se había quedado impresa en la tela tres veces, en tres dobleces simétricos, y era el mismo rostro, y el mirar, el mirar maravilloso que derretía el corazón más duro...

Y Misael, cayendo prosternado, gritó:

-¡Era cierto! ¡Había venido el Mesías!

Comedia

Parece tonto esto de narrar cosas que pueden verse sólo con asomarse a la ventana o a la puerta. Por puertas y ventanas trepan al asalto la helada, el bochorno, el tráfago y las impurezas de la vía pública... ¡Quién poseyese una urna hialina, y en ella se claustrase, aletargándose antes como los milagrosos faquires!

Dentro de la urna, tapadas con cera las aberturas de los sentidos, revulsa la lengua para obturar la laringe, allá el dolor que revolotee y entenebrezca el aire. ¡Dolor! ¡Dolor ajeno, sobre todo! ¿En qué nos atañe? ¿No le basta a cada cual su ración? ¿No es inconcebible tortura la mera percepción del dolor universal? Si revuela a nuestro alrededor un solo murciélago, nos crispa; si en una gruta pabellonada de sartas de murciélagos se nos aplana encima el enjambre, nos ahoga. El dolor universal agita el aire con millares de alas de sombra. No nos cabe dentro sino el sufrimiento propio, ¡y rebosa tantas veces!

Una mujer -una sirviente, niñera en casa de modestos empleados pasaba, a fin de orear y dar jugadero al niño, largas horas en aquel jardín de plazuela, bajo los árboles no muy hojosos, al pie de la ruin estatua del poeta dramático. Vigilaba, inquietamente, de buena fe, al chico, rubito celestial, aureolado de bucles; no le perdía de vista; le limpiaba con la mano las arenas incrustadas en las rodillas, por las caídas frecuentes, y le enjugaba el pasajero llanto con labios calientes, maternales. Los actores del teatro fronterizo, al salir del ensayo, se fijaron en el cupidín, y algunos le atusaron los rizos. Especialmente, un representante menos joven de lo que parecía, faz picaresca y rasurada de estudiante de la tuna, ojos gastados y curiosos, embebidos de sensualidad y desilusión, indicó a sus compañeros.

-El chiquillo es divino, pero la niñera no es maleja. ¿Cómo te llamas?

-Lorenza. Y el pequeño, Manolito; en casa le dicen Malito.

-¿Qué edad tienes?

-Veintiuno... Malito ha cumplido tres.

-Eres muy rebonita, Lorenza... ¿Hace mucho que sirves?

-Del pueblo he venío en agosto, porque se murió mi madre, y padre casó a las pocas semanas...

Desde entonces, diariamente, a la hora en que el ensayo remata, y las luces del alumbrado no parpadean aún entre la arrecida neblina de las tardes del invierno, el comediante buscó a Lorenza en el jardincete. El palique era corto. ¿De qué se va a charlar con una pobre sirviente, una lugareña? Se charla lo estrictamente necesario para trastornar su espíritu hasta donde requiere una seducción vulgar y regocijada. El chiquillo les embullaba; servía de pretexto a los diálogos. Un día que consiguió el comediante llevarse a Lorenza sola a un café vecino, apenas sabía qué decirla. Faltaba Malito, alrededor de cuyo cuerpo se encontraban las manos de los dos personajes del idilio callejero.

Situación al pronto tan desabrida, la salvó el comediante con un fragmento de comedia apasionada y romántica, cortada para otro escenario. Lorenza no había puesto los pies en el teatro jamás. El que nunca jugó, gana la primera vez que apunta a una carta; el que nunca vio representar, no distingue la ficción de la vida -¡que tanto tiene de ficción!-. Entregó Lorenza aquel día todo su ser, cometiendo la locura mortal de no reservarse el alma. Cuando volvió al lado de su niño, le empujó distraídamente; el chico rompió en congoja, uno de esos lloriqueos de criatura que parecen no tener causa conocida.

Vino la primavera. Los actores, cumplidas sus tareas de Madrid, buscaron contratas en provincias. Lorenza supo por el conserje del teatro que Mariner, segundo galán, pasaba a un cuadro de compañía formado para recorrer las ciudades catalanas. Le esperó, le preguntó tímidamente, con el encogimiento noble del amor profundo, cuándo, dónde, volverían a verse. El actor, previas unas cuantas evasivas, soltó la tardía verdad. Se iba, y de todas formas... Era casado; tenía ya dos retoños... Lorenza, más blanca que su delantal, no le acusó, no protestó del engaño. Los golpes de feroz violencia no dejan acción a la defensa. Tampoco lloró. Todo se le había paralizado en el cuerpo; diez minutos permaneció sostenida por la pared del teatro después de alejarse Mariner a paso rápido y cobarde de avergonzado deudor. De repente los nervios saltaron, la sangre cuajada ardió y rodó en las venas. Echó Lorenza a correr hacia su casa -la de sus amos, su refugio-, y apenas oyó la reprimenda de la señora que la noche anterior había secreteado en la alcoba conyugal.

-No sé qué tiene esta chica. Ya no atiende a Malito; ya no le muda la ropa; ya ni barre; es un escándalo.

Y el marido, adormilado y deseoso de paz:

-Pues, mujer, ¡a la calle con ella!

A la mañana siguiente, Lorenza desmintió las censuras del ama: nunca fue mejor cuidado, más mimado de su chacha el pequeñín. Le hartó de caricias y le regaló dos medallas de plata con la efigie de la Virgen de la Trebolera, únicas preseas que Lorenza había poseído. Hizo cuidadosamente las camas, barrió la casa entera, ayudó en la cocina a mondar patatas, y aun charoló las botas del matrimonio. Un cuarto de hora antes de servir el almuerzo salió, empujando sin violencia la puerta; subió con agilidad dos pisos, del tercero a las bohardillas, y se detuvo ante la ventana del rellano de escalera que caía al patio. Un vértigo la forzó a sentarse en el duro banco destinado a aliviar el cansancio producido por tantos escalones. Era la altura de un quinto piso -cuatro y el entresuelo-. Lorenza se enderezó y se aproximó a la ventana, que entreabrió con cautela. Allá abajo, las losas del patio recién fregadas lucían al sol; en el centro, el hundido sumidero formaba un negro y férreo ombligo. La niñera se retiró amedrentada; pensó advertir el frío, la dureza del enrejado en el rostro, en las sienes. Entonces se humedecieron sus lagrimales. Sentía perder la vida, y no podía soportarla.

Unas chanclas se arrastraron; el ruido ascendía por la oquedad de la escalera. El portero, morador de la bohardilla, era de seguro quien subía a comerse su pucherete. Lorenza se irguió: aquel hecho insignificante revestía las proporciones de una sentencia. ¡Si la encontraba el portero allí! Arrimó del todo a la pared las hojas de la ventana y se inclinó más. Un hormigueo irresistible en las plantas de los pies; una sensación de pueril miedo de que se la cayesen los aretes... Se echó las manos a los lóbulos de las orejas. Entre dientes, sin conciencia, murmuraba: «¡Jesús, Virgen de la Trebolera, valedme!». Y beoda de aire y de tristeza, ansiosa de volar, no de caer, se descolgó más, abrazó el vacío, se abismó, dando una voltereta y un chillido involuntario...

Instinto

Aquel año, las monjitas de la Santa Espina se habían excedido a sí mismas en arreglar el Nacimiento. En el fondo de una celda vacía, enorme, jamás habitada, del patio alto, armaron amplia mesa, y la revistieron de percalina verde. Guirnaldas de chillonas flores artificiales, obra de las mismas monjas, la festoneaban. Sobre la mesa se alzaba el Belén. Rocas de cartón afelpadas de musgo, cumbres nevadas a fuerza de papelitos picados y deshilachado algodón, riachuelos de talco, un molino cuya rueda daba vueltas, una fuentecilla que manaba verdadera agua, y los mil accidentes del paisaje, animados por figuras: una vieja pasando un puente, sobre un pollino; un cazador apuntando a un ciervo, enhiesto sobre un monte; un elefante bajando por un sendero, seguido de una jirafa; varias mozas sacando agua de la fuente; un gallo, con sus gallinas, del mismo tamaño de las mozas, y por último, novedad sorprendente y modernista: un automóvil, que se hunde en un túnel, y vuelve a salir y a entrar a cada minuto...

Pero lo mejor, allá en lo alto, era el Portal, especie de cueva tapizada de papel dorado, con el pesebre de plata lleno de pajuelitas de oro, y en él, de un grandor desproporcionado al resto de las figuras, el Niño echado y con la manita alzada para bendecir a unos pastores mucho más pequeños que él, que le traían, en ofrenda, borregos diminutos...

Todas las monjitas estaban allí, admirando, dando pareceres, babeándose de cariño ante el Jesusín, «que parecía un niño de verdad». En aquel solemne día, relajaba el convento su disciplina severa, y se les consentía a las sores expresar su júbilo, tocando sonajas y castañuelas, zambombas y rabeles, armando un estrépito que en otro sitio se llamaría infernal, y bailando hasta hacerse rajas delante del Belén, como habían bailado, de cierto, los pastorcillos inocentes, y como hasta saltarían de gozo los collados, porque era nacido el Redentor del mundo.

Y danzaban riendo, diciéndose cosas picarescas y chistosas, burlándose dulcemente las jóvenes de las viejas, que no eran las menos decididas para dar brincos y jalearse.

-¡Ay, mire sor Gertrudis, qué vueltas! Parece un trompo.

-¡Y qué lindos pies que luce!

-Ánimo, sor Consolación, deje ahí arrimada la muleta y eche un paso por el Niñito Jesús.

-Agarrarse todas de las manos, y a la rueda, rueda.

-¿Ese pandero, qué hace que no repica?

-¡A ver, el villancico!

Y unidas, las voces se elevaron, puras e ingenuas.

En el Portal de Belén
hay una piedra redonda...

-No, ése no vale nada... Vaya aquel otro:

En el Portal de Belén
todos a juntar en leña,
para calentar al Niño
que nació en la Nochebuena...

Y el loco retintín de los panderos, el sonoro tableteo de las castañuelas, los desahogos de entusiasmo arreciaban, ensordecedores, mientras la casi paralítica sor Consolación, con su voz cascada y feble, no podía hacerse oír, al reprender:

-No sean escandalosas... ¡Que van a venir los guardias!

Mientras la juventud de las sores se desfogaba así, en una celda del mismo piso, la única ocupada en él, una mujer prestaba oído atentamente... Sería como de cuarenta y cinco años; estaba sin toca, el hábito roto; su corto cabello flotaba en mechones grises, y su mirar denotaba extravío. Atendía al lejano ruido, sorprendida, inquieta. ¿Qué pasaba?

Al fin sonó más alta la música discordante de las sonajas y panderos. ¡Música! ¡Canciones! ¿Por qué la dejaban encerrada cuando había música?

En repentino arrebato golpeó la puerta, que por fuera tenía echado el cerrojo. La aporreó con manos y pies, frenéticamente. Y las que todavía danzaban ante el Misterio se detuvieron, se miraron.

-¡Vamos, ya respiró sor Cruz!

-¡Fuera milagro que no alborotase!

-¿Qué hacemos, madre superiora? -interrogó una monjita vivaracha, menuda, toda arrebolada por la animación del baile-. ¡Pobrecita! ¿La dejamos venir un instante al Belén, que está precioso?

-No piense en eso, sor Rosa... ¡Pues buena se pondría así que viese al Niñito! Ya sabe que como se le murió el suyo, el único, y a consecuencia de la pena entró en religión, tiene la cabeza... -la superiora se tocaba con el índice la sien- y se altera hasta con las estampas del Niño Dios... Vaya allá un poco a ver si la consuela... Dele su colación... Hágala creer que el ruido es en la calle... Y guarden ya silencio, y antes de bajar al refectorio, recemos tres Avemarías, para que sor Cruz se ponga buena...

Se oyó el murmullo de la oración. Sor Rosa, a paso ligero, voló a la celda de la loca, descorrió el cerrojo vivamente, y se acercó a ella, hablándola con ternura y mimo, como se habla a las criaturas.

-¿Qué tiene, hermana? Alégrese, que la voy a traer su colacioncita... Verá. Un pedazo de turrón, muy rico... Y mazapán, y peladillas, y naranja china, ¿sabe? Se chupará los dedos...

-Quiero ir a donde cantan...

-Si ya no cantan... Si fueron los pillos de la calle, que van por ahí con chicharras y zambombas.

-No, yo bien sé... Hay música en el convento -insistió la demente, queriendo echarse fuera de la celda, con ansia.

-Paciencia, sor Cruz... Acuérdese que manda el médico que no salga, que se puede acatarrar. Espere un momento, ahora subo la colación...

Y, como un pájaro, salió sor Rosa, volviendo al cabo de minutos con una cesta repleta.

-Bueno, ahí tiene muchas golosinas: coma, y luego, acuéstese tranquila, que mañana vendré a peinarle esas greñas, y a ponerla muy guapa, para que asista a la misa, ¿eh?, siempre que tenga mucho, mucho juicio... Hasta mañana, sor Crucita, y que descanse bien.

Fuese la arrebolada monja, corriendo el cerrojo... Es decir, ella siempre afirmó haberlo corrido; pero tal vez sufriese una de esas distracciones que prueban que no es una máquina el cerebro humano.

La demente permaneció unos momentos indecisa. Alumbraba su celda un farol colgado muy alto, para que no lo pudiese romper. A su luz mezquina, destacábase, sobre la mesilla humilde, la cesta cubierta con blanca servilleta gorda. Con ese dominio del instinto material que se observa en los alienados, pensó en la colación suculenta, y se figuró al turrón macizo, los mazapanes con rubias cabelleras de huevo hilado, la compota olorosa...

Un poco de saliva vino a sus fauces. Pero el recuerdo de la música resurgió, y la curiosidad fue más viva que la gula. ¿Por qué música en el convento? Lanzose otra vez contra la puerta... ¡Oh, maravilla! La puerta cedió... Se abrió sobre el pasillo ancho, sombrío y glacial, por el cual avanzó a tientas la loca, guiada por un débil reflejo, una raya de claridad lejana.

También obedeció al empujón la puerta del recinto iluminado, y la loca, admirada, se paró un momento en el umbral. El Belén se presentaba a sus ojos, solitario, bajo el rayo de la estrella, fulgiendo entre los azules pabellones de tarlatana que figuran el cielo cercado de candelicas, dispuestas en arco a ambos costados. Una sonrisa de gozo se dibujó en el semblante de la pobre insensata. ¡Qué bonito! ¡La fuentecita, el agua que corre! ¡El automóvil, qué monada! ¡Y el cazador! ¡Pum! De improviso, una chispa más espiritual brilló en sus ojos. Un grito, casi un rugido de amor se exhaló de su garganta. ¡El Niño! ¡Su niño, al que siempre está llamando en las largas horas de su tristeza infinita!

De un salto, sor Cruz se encaramó al Belén... Pisando fuentes, puentes y figuras desbaratando y destrozándolo todo, llegó hasta el Portal, agarró al Infante, y lo cubrió de caricias violentas, ávidas. Medio le mordió. Luego, temerosa de que se lo arrebatasen, echó a correr hacia su celda, llevándolo abrazado...

Entre tanto, las arrancadas candelicas se desmayaron sobre los tules que con la estrella se habían volcado encima del Portal. Un reguerillo de chispas devoró rápidamente el leve tejido, y luego, una corta lengua inflamada lamió las apolilladas maderas y cartones impregnados del aguarrás de la fresca pintura.

El convento dormía cuando se desenmascaró el incendio. El sereno vio el humo, y aturdió a llamadas de aldabón enorme. La confusión fue como de naufragio. Sacaron en brazos a la paralítica sor Consolación, y en medio del terror y de los angustiosos chillidos, sor Rosa, sintiendo acaso un misterioso e indefinible remordimiento, pensó en sor Cruz.

-¡Ay mi Dios! ¡Misericordia, Virgen Santísima! ¡Va a morir abrasada! ¡El fuego es en su piso!

Y como alzasen los ojos hacia la reja de la celda de la demente, pudieron ver, sobre cortina de llamas y humo, un rostro aterrador, y oír una voz que gritaba:

-¡Ahí va el Niño! ¡Salven al Niño!

Un muñeco de talla vino a rebotar en tierra a los pies de las monjas. La cara de la loca desapareció en el brasero.

Implacable Kronos

Qué juventud y qué edad madura tan laboriosas y aperreadas las de don Zoilo Terrón! Sin una hora de descanso y recreo, sin un minuto que perteneciese al gusto y al solaz, vivió don Zoilo, no como la ostra -al fin, la ostra no trabaja-, sino como la polilla, que roe y roe y no sale de su rincón, no deja su viga telarañosa, no despliega nunca sus alas, buscando lo que las mariposas: luz, calor solar y entreabiertas flores.

Resuelto a ganarse un caudal, porque don Zoilo veía en el dinero la clave de la vida y el eje del mundo, sudó, se afanó y atesoró con incansable codicia, hasta llegar a la suma deseada. Cebado en la asidua labor, no supo don Zoilo lo que era pasear, ni se miró al espejo, ni cuidó de su salud, ni se enteró de que ya iban encorvándose sus espaldas y pesando sobre su cuerpo, recio como plomo, los años. Sólo cuando se encontró poderoso, dueño de la riqueza pingüe que de antemano se propusiera obtener, entró a cuentas consigo mismo y advirtió que no había disfrutado miaja ni catado los goces lícitos y sabrosos de la existencia. «He sido una bestia de carga», pensó, lleno de remordimiento y de melancolía. «Esto no puede quedar así. A ver si una vez, por lo menos, soy un racional. Es preciso que yo me case, que tenga familia y pruebe sus alegrías y sus expansiones, y, además, que mi mujer me guste mucho..., tanto como me gusta Casildita Ramírez, la viuda que vive en el segundo piso».

Al hacer estas reflexiones conoció don Zoilo que precisamente la Casildita susodicha era la que le venía pintiparada, porque su lozana beldad, y su sandunga encantadora le sugerían un remolino de ideas bucólicas y juveniles. Al ver de cerca a Casildita, a quien solía encontrarse por la escalera, don Zoilo sentía que toda su malograda mocedad le subía a la cabeza y de allí bajaba al corazón en olas de sangre. Y como el dinero infunde gran aplomo y arrogancia, don Zoilo no titubeó, y sin demora subió a casa de la linda viuda, celebrando con ella una entrevista y descubriéndole llanamente su cristiano y honrado pensamiento.

Estaba Casildita, cuando recibió la fulminante declaración del opulento don Zoilo, más mona aún que de costumbre, porque la sorpresa y la malicia hacían chispear sus grandes ojos morunos, y avivaban la risa en sus labios, y cavaban los traviesos hoyuelos en sus mejillas pálidas y frescas como las hojas de la magnolia. Jugando con un diminuto perrillo de lanas que parecía una bola de cardado y crespo algodón, oyó Casilda las extremosas palabras del vecino, y así que éste acabó de formular su súplica, la viuda, halagando al gracioso animalejo por quien se trocaría de muy buena gana don Zoilo, respondió categóricamente:

-A la verdad, lo que usted me propone, para penitencia es atroz, y para ganar la gloria puede que no baste. No me atrevo, vamos, no me atrevo. Si tuviese usted diez añitos menos, diez añitos... Pero ¡si está usted más gris que las ratas y más desdentado que un serrucho viejo! Se reirían de nosotros cuando fuésemos juntos por la calle, créalo usted, ¡la gente es tan mala...! Sólo por eso no le complazco a usted, que por lo demás, es usted persona muy apreciable y muy digna.

Salió don Zoilo del cuarto de la viudita desazonadísimo, y al mismo tiempo convencido de que nunca le había gustado tanto, que se moría por ella, y que todas aquellas cosas que había leído que les pasaban a los enamorados furiosos las sentía él en grado heroico y superfino. «¿De qué sirve el dinero -iba rumiando- si no sirve para tener, cuando a uno se le antoja y lo necesita, el pelo negro como la noche y unos dientes que deslumbren de blancos?». Y de pronto, como al que va a ahogarse se le ocurre asirse a un clavo muy delgadillo, ocurriósele a don Zoilo que con «guano» se compran también dientes y pelo.

A escape, el mejor dentista de Madrid -por supuesto, norteamericano- se encargó de amueblar espléndidamente el tenebroso antro de la boca de don Zoilo con una doble fila de mondados piñones, iguales, relucientes y parejos. Llegó después la vez al peluquero -francés, quién lo duda-, y valiéndose de una serie de botecillos de cristal y hasta media docena de cepillos y brochas, hizo pasar la cabellera de don Zoilo del gris amarillento al castaño oscuro, y del castaño oscuro a un negro de carbón, profundo, casi puedo decir que insolente. La misma prolija operación, realizada con la barba, arrancó a don Zoilo una exclamación de pueril regocijo, porque el mágico licor de los empecatados botes le había aliviado del peso de veinte años lo menos, dejándole el rostro encerrado en un marco que afrentaba a la endrina y al ala del cuervo también.

A contemplar la restauración vino el ortopédico con una faja-corsé, firme represión de abdomen y derechura del espinazo, y el sastre y el ayuda de cámara coronaron la obra, ataviando, perfilando, atusando y componiendo a don Zoilo, dejándole hecho un petimetre, según los últimos decretos de la moda. Remozado así, perfumado, con un capullo en el ojal y radiante de esperanza, don Zoilo subió otra vez las escaleras, y sin que le anunciase nadie, cayó como una bomba en el coquetón gabinete de Casildita. Era tal su arrebato, tan grande la turbación que el instante aquel le producía, que sólo acertó a murmurar, en entrecortadas frases, una nueva declaración más apasionada, más vehemente que la anterior, y a repetir la proposición de casamiento, entre protestas de exaltada ternura Casildita le oía y contemplaba con evidente asombro, y callaba, aguardando a que acabase su relación el galán.

Así que éste hizo un compás de espera, tal vez por necesidad de respirar, la viuda, abarquillando las orejas rizosas y suaves del perrito, y con un sonreír que era el abrirse de una rosa en una mañana de mayo, pronunció con ingenua picardía:

-El caso es que no puedo complacerle en lo que me pide, y bien lo deploro.

-¿Por qué? -articuló don Zoilo, con anhelo infinito.

-Porque hará cosa de quince días estuvo aquí con la misma pretensión su señor papá, empeñado en pedir mi mano..., y después de dar calabazas a una persona más respetable que usted, no es cosa de decirle a usted que «sí».

www.ingramcontent.com/pod-product-compliance
Ingram Content Group UK Ltd.
Pitfield, Milton Keynes, MK11 3LW, UK
UKHW021938190726
13853UKWH00004B/1519

9 786589 575320